ÉPÎTRE

SUR

LE COMMERCE.

IMPRIMERIE DE VICTOR CABUCHET, RUE DU BOULOI, N° 4.

ÉPITRE

SUR

LE COMMERCE,

PAR M. CHRESTIEN.

Auri sacra fames....

Prix : 1 franc.

PARIS,

PONTHIEU ET Cie, PALAIS-ROYAL, GALERIE DE BOIS.

PETIT, MÊME GALERIE, N° 257.

1827.

AVERTISSEMENT

DE L'AUTEUR.

Il y a plusieurs années que cet ouvrage est fait; je ne me pressais pas de le publier. Je disais : il le sera, quand je voudrai, quand je pourrai. Je voulais y faire des changemens, des corrections, qui m'avaient été indiqués; j'attendais que mes occupations me permissent ce travail, et alors j'aurais bien pu le présenter au public, en risquant de perdre mes frais d'impression, si l'édition me restait; mais très-certainement je ne risquerais jamais, plus tard, pour satisfaire un petit mouvement de vanité, d'avancer une somme cinq ou six fois plus forte que celle qui peut suffire encore aujourd'hui.

Le temps presse : je n'ai plus à attendre; il faut que je sois imprimé promptement avec mes imperfections, ou que je ne le sois jamais, si la loi prohibitive du bien et du mal, des bons et des mauvais écrits, est adoptée. N'être jamais imprimé! quelle perspective pour un auteur!... Je me décide donc; je me hâte de donner mon ouvrage tel qu'il est, sans avoir le temps d'y rien changer. Réflexion faite, quelque médiocre qu'il puisse être, il pourra trouver des lecteurs pour les vingt sous que je leur demande; s'il était meilleur, en trouverait-il beaucoup qui voulussent débourser quatre ou cinq fois cette somme?

Lecteurs! profitez donc encore du bon marché. Je vous avertis d'ailleurs dans ma préface, que vous en aurez pour votre argent. Bien peu d'auteurs oseraient montrer cette assurance.

PRÉFACE.

Si le vrai est nécessairement utile, parce qu'il est fondé sur la justice, parce qu'il dérive de la vérité éternelle, qui est Dieu même; si, dis-je, ce principe a une telle évidence, qu'il puisse passer pour un axiome, tout ce qui aura ce caractère de vérité, devra être saisi avec empressement. Or, il est facile de démontrer que la liberté du commerce a ce précieux avantage, et, par conséquent, qu'elle serait très-utile, disons mieux, qu'elle serait indispensable à tous les peuples.

Je n'entreprendrai pas ici cette démonstration, qui se trouve, par suite, aussi complète qu'elle peut l'être dans un ouvrage de peu d'étendue. On la trouvera principalement dans une lettre de M. Br.... que je transcris à la fin de mes notes. Je dirai franchement que c'est dans la seule vue de reproduire cette lettre, que j'ai composé ce petit ouvrage : je la regarde comme une sorte de symbole qui contient substantiellement les vérités les plus importantes sur le commerce; les questions les plus ardues y sont expliquées d'une façon si claire et si simple, qu'elles sont à la portée de tout le monde. Elle a été insérée dans les journaux, et là, je pense, elle appartenait au premier occupant. Je prie donc M. Br.... de ne pas trouver mauvais que j'aie pris ce qu'il paraissait avoir abandonné; je l'ai fait dans la seule vue de l'utilité publique. Le plus grand tort que je puis avoir, c'est de m'être servi d'un excellent ouvrage, qui n'est pas de moi, pour produire le mien, qui a peut-être bien peu de mérite. Aux gens inconnus et d'un peu pauvre extérieur, il faut de bons passe-ports.

Le lecteur me pardonnera mes mauvais vers, en faveur de la bonne prose de M. Br....

Je ne prétends certainement pas répandre de nouvelles lumières sur une question déjà traitée si savamment par des hommes du mérite le plus distingué : mais leurs ouvrages abstraits et volumineux se trouvent seulement dans quelques bibliothèques, et l'on peut dire que le public, en général, n'a sur le commerce que les préjugés que l'on a répandus depuis si long-temps *sur la sortie de l'argent*, *sur l'avantage des prohibitions*, etc.; préjugés qu'il est essentiel de combattre dans un moment (1) où l'administration s'occupe, dit-on, de traités de commerce avec différentes nations.

Il faut non-seulement faire le bien, mais il faut encore que les esprits y soient préparés ; sans cela les peuples ressemblent, comme l'a dit un roi d'Espagne, aux enfans qui pleurent quand on les débarbouille. Ne voit-on pas, en effet, que presque toutes les choses les plus vraies, et conséquemment les plus utiles, ont eu la plus grande peine à s'établir ? En commençant par la religion chrétienne, et examinant ensuite ce qui est arrivé par rapport à l'astronomie, à la médecine, à plusieurs autres sciences, on trouverait que toutes les vérités ont eu à combattre l'intérêt, l'ignorance, la routine, les préjugés, et que ce n'est qu'avec une peine extrême qu'elles ont surmonté ces obstacles. Mais tout en déplorant cette calamité, qui afflige l'espèce hu-

(1) Cet ouvrage a été fait en 1824. On disait alors que l'administration s'occupait de traités de commerce avec divers pays.

maine, et qui semble lui être inhérente, une chose console cependant, c'est que la vérité finit par être reconnue, et que son règne s'établit enfin : si l'on peut craindre les mêmes obstacles pour la liberté du commerce, on doit espérer aussi que cette opposition sera surmontée, et que l'intérêt général l'emportera sur toute autre considération.

Quoique partisan de cette liberté, je suis cependant bien éloigné de croire qu'il faille user de précipitation en pareille matière. Je pense, au contraire, que l'on doit agir avec une sage lenteur, afin de ménager le plus possible les intérêts particuliers, qui pourraient être compromis par des mesures inconsidérées : mais qu'avec ces ménagemens indispensables, on doit tendre incessamment vers un but désiré, vers le seul but que la raison avoue, et dont l'expérience démontre la nécessité.

Je ne m'étendrai pas davantage à ce sujet; ce qui suit fera le complément de ce que je pourrais ajouter. Il ne me reste plus à dire que quelques mots sur mon ouvrage. Le sujet demandait plus de développemens, quelques descriptions... plus de poésie enfin, suivant les conseils que j'avais reçus : mais remettre la main à l'œuvre, quand on a peu de temps à soi, et beaucoup de paresse! j'aimerais mieux y renoncer (1). Après tout, je ne risque pas beaucoup de connaître le jugement du public : si mon ouvrage doit être, comme tant d'autres, un enfant mort-né, je doute très-fort que plus de travail et plus de peine lui eussent assuré un meilleur

(1) C'est à peu près le parti que j'avais pris : remettant toujours à faire les changemens que j'avais projetés, je crois bien que cet ouvrage n'aurait jamais paru sans la circonstance qui m'a décidé.

sort; si au contraire l'esquisse que je présente est bien reçue, je tâcherai qu'elle ait par suite plus de perfection, en suivant les avis qu'on aura bien voulu me donner.

Une autre raison ne devait-elle pas me retenir, et favoriser ma paresse? Lit-on beaucoup les vers? les aime-t-on? Si mon ouvrage eût été plus long, même en le supposant excellent, le lecteur ne se serait-il pas écrié bien des fois, étendant les bras, ouvrant une grande bouche : Oh! que c'est beau! et ne se serait-il pas trouvé admirablement bien disposé pour faire un bon somme? Aujourd'hui le seul titre d'un ouvrage en vers fait bâiller. J'entends le lecteur me dire : « Mais puisque vous saviez cela, pourquoi avez-vous écrit en vers? — Pourquoi?... pourquoi?... parce que c'est un peu ma manie; parce qu'un poème sur le commerce est du fruit nouveau, et qu'il doit, par cela seul, attirer quelque attention. Au reste, lecteur difficile, disputeur, quinteux, laissez mon épître, ma préface, mes notes; lisez seulement la lettre de M. Br...; vous en aurez pour votre argent.

ÉPITRE

SUR

LE COMMERCE.

Formés d'un même sang, tous les hommes sont frères;
Et quoique répandus sur les deux hémisphères,
Qu'ils diffèrent entre eux de mœurs et de couleur!
Cette immense famille a Dieu seul pour auteur.
Mais où tend, cher G*** sa volonté divine?...
Quoi! lorsqu'il donne à tous une même origine,
Il les a séparés par de profondes mers,
Par des sables brûlans, par d'arides déserts!
Bien plus, de la parole en leur donnant l'usage,
Chaque peuple reçut un différent langage;
Aurait-il donc voulu qu'à jamais séparé,
Chaque peuple vécût des autres ignoré?
Mais non... connaissons mieux sa sagesse profonde;
Un seul homme, *un héros!* aurait détruit le monde,
Sans ces puissans remparts placés dans l'univers,
Afin de protéger tant de peuples divers.
Sans eux, ce conquérant, dont la rage impuissante
Vient expirer au bord d'une mer écumante,

Détestable fléau, torrent dévastateur,
Eût rempli l'univers de sang et de terreur.
Mais si d'un Dieu puissant la sage providence,
Des peuples, par ces soins, conserve l'existence,
Il veut qu'un doux lien, les unissant entre eux,
Assure leur bonheur, s'ils savaient être heureux!
Il répand ses bienfaits, les donne sans mesure;
Il prodigue partout les dons de la nature;
Mais dans chaque pays ces dons sont différens,
Afin que le besoin unisse ses enfans.
L'adroit Européen et l'habitant du Gange
Trafiquent de leurs biens par un utile échange:
Le chameau ruminant traverse les déserts,
Et l'agile vaisseau va voguer sur les mers.
Tout obstacle est détruit; il n'est plus de barrière
Qui désunisse entre eux les peuples de la terre:
Le Commerce, en un mot, cet enfant de la paix,
Est de ce Dieu puissant un des plus grands bienfaits,
Pour unir à jamais, source toujours féconde,
Dans son cours fortuné, les habitans du monde.
Mais l'homme n'a-t-il pas le funeste secret
De changer en poisons tous les dons qu'on lui fait?

Je ne veux point ici que ma muse indiscrète
Embouche imprudemment l'héroïque trompette;
Qu'elle chante en ses vers, sur un sublime ton,
La reine de Saba, le sage Salomon;
De Carthage et de Tyr la gloire et la puissance;
Que du Commerce enfin découvrant la naissance,
Elle suive ses pas, nous trace ses progrès,
Nous peigne l'univers rempli de ses bienfaits:

Je veux, en le prenant dans l'état où nous sommes,
Montrer les préjugés, l'aveuglement des hommes.
  De tous temps l'intérêt et la rivalité
Allumèrent les feux de la cupidité ;
Les sanglans démêlés de Rome et de Carthage
Attestent que ce mal fut transmis d'âge en âge.
Au moins on affectait encor quelque pudeur :
On eût craint de passer pour injuste agresseur ;
Aux autres l'on semblait offrir quelqu'avantage,
Du Commerce, avec eux, admettre le partage.
Donner et recevoir est de droit naturel ;
Donner et recevoir fut un droit mutuel.
Mais, du Commerce entier rêver le monopole,
Prétendre l'obtenir de l'un à l'autre pole ;
Vouloir vendre partout, et se faire une loi
Que tout produit externe est exclus de chez soi !
Il fallait Albion pour réduire en système,
Ce que n'eût avoué l'injustice elle-même.
  Système monstrueux, par l'enfer inventé,
Qu'engendrèrent l'orgueil et la cupidité !
Voici comme aujourd'hui l'égoïsme raisonne :
« Il faut, vendant à tous, n'acheter de personne. »
D'après un tel principe, à ces augustes mots,
L'Europe a déclaré la guerre à des ballots ;
Et chacun accourant armé sur sa frontière,
Repousse avec fureur l'industrie étrangère ;
L'ardente soif de l'or divise les états :
Il faut encor du sang pour ces nobles combats.
  Cet inique système a pu, dans le silence,
Chez nos adroits voisins apporter l'opulence ;

Mais prolamé partout, le secret d'Albion
N'est plus qu'une folie, une dérision.
Chaque état semble dire, en se raillant des autres :
« Recevez mes produits ; moi, je proscris les vôtres. »
Maintenant ce délire, autrefois si vanté,
Punit ses sectateurs de leur avidité.
Ils regorgent chez eux de leur trop d'abondance ;
A force de produire, ils trouvent l'indigence.
De la justice enfin on voit luire le jour ;
Chaque état repoussé nous repousse à son tour.
Il faut donc aujourd'hui se suffire à soi-même.
Vivre de ses produits devient la loi suprême.
La douce betterave est le sucre français,
Le charme va fournir le thé du Hollandais ;
L'Anglais fera du vin du jus de ses groseilles ;
Chicorée et café sont substances pareilles ;
Ils conviennent à tous, au Suisse, à l'Allemand...
Quel bonheur pour chacun d'amasser son argent !
Il ne sortira plus ! Royaumes, républiques,
Pour en être assurés, ont les mêmes fabriques.
Je vois, pour seconder une si noble ardeur,
Créer de toutes parts des pompes à vapeur.
Les hommes, les chevaux, grâce à cette industrie,
En repos vont mener une agréable vie.
Quel spectacle enchanteur l'Europe offre à nos yeux !
Que cet isolement rend les états heureux !
Ne doutons pas bientôt qu'à chacun il ne faille
De la Chine chez soi la fameuse muraille,
Afin que mieux fermé, couvrant bien son trésor,
Chaque peuple soit sûr de conserver son or,

Son or et son argent!... O Midas! ta folie
Aujourd'hui de l'Europe est l'aveugle manie!
L'excès du ridicule est très-proche du bien.
Nous voyons cet excès; il ne lui manque rien.
Oui, du Commerce entier la bizarre attitude
Fera cesser enfin sa triste servitude :
Les peuples rougiront du long égarement
Qui les abusa tous sur le prix de l'argent.
Ils sauront ce qui fait la richesse réelle;
Ils ne confondront plus les métaux avec elle.
D'un sol bien cultivé l'abondance des fruits,
Une industrie active et ses riches produits,
Voilà des biens réels la source inépuisable!
Voilà cette richesse à l'or si préférable!
Mais du Commerce seul cette richesse attend
L'âme qui la produit, l'anime et la répand :
Et malgré les bienfaits du sol, de l'industrie,
Sans Commerce étranger, le Commerce est sans vie;
Privé de cet appui, sans force, sans vigueur,
De la lampe mourante il n'a que la lueur.
La raison parle en vain; la seule expérience
Des plus forts préjugés soumet la résistance.
Elle met ses leçons à haut prix quelquefois;
Mais de ce maître, enfin, on écoute la voix;
Et lorsque vers le mal quelqu'erreur nous entraîne,
Son juste châtiment vers le bien nous ramène.
Sur leurs vrais intérêts les peuples éclairés,
Sortiront des chemins qui les ont égarés.
Ils savent où conduit la ruse, l'artifice.
Qu'ils prennent aujourd'hui pour guide la justice.

Si l'une du Commerce a détruit le lien,
L'autre, en le recréant, en sera le soutien.
Ils ont subi l'arrêt de cette loi suprême,
Qu'aux autres faire tort c'est se nuire à soi-même.
D'un trop fâcheux état le malaise se sent.
Chaque peuple gémit de son isolement.
Quelle main, disent-ils, quelle main salutaire
Entre nous ôtera l'odieuse barrière ?...
O Charles ! c'est à toi d'en donner le signal,
De seconder l'effort de ce vœu général !
Dès le premier instant où ta couronne brille,
Les Français ne font plus qu'une seule famille :
Tu sais gagner les cœurs ; pour prix de ton bienfait,
Vois les peuples unis dans un seul intérêt.

NOTES.

Formés d'un même sang, tous les hommes sont frères.

La nature nous donne le sentiment de cette vérité; la religion chétienne nous la démontre. Au lieu d'en faire le texte de beaux discours, et de s'en tenir à une vaine spéculation, ne devrait-on pas la mettre en pratique? et le premier pas à faire, ne serait-ce pas d'établir entre les différens peuples des liaisons de commerce, basées sur une justice et une utilité réciproques, au lieu d'entretenir l'aigreur et les animosités par des mesures odieuses, qui, en définitive, retombent sur ceux qui les ont employées? On répond à des prohibitions par des prohibitions.

Mais dans chaque pays ces dons sont différens,
Afin que le besoin unisse ses enfans.

Le soin principal de chaque peuple doit être de faire valoir le mieux possible les productions de son sol, afin d'en faire un moyen d'échange avec les étrangers qui n'ont pas les mêmes productions, ou qui les ont avec moins d'abondance. Il me semble donc que tout traité de commerce doit avoir pour première base l'échange de ces productions admises réciproquement avec des droits modérés, sauf à se réserver la faculté de hausser ou baisser ces droits, suivant l'intérêt du pays; mais qu'ils n'équivalent jamais à une prohibition, par l'impossibilité de les acquitter. Je dis, suivant l'intérêt du pays, parce qu'il peut arriver qu'une disette présente, ou imminente, mette dans la nécessité de prendre des précautions; et même ces précautions peuvent aller jusqu'à empêcher absolument la sortie des denrées de première nécessité. *Salus populi suprema lex esto.* Les matières premières, nécessaires aux fabriques, peuvent être aussi le sujet d'une attention particulière.

Les produits de l'industrie au contraire, n'intéressant point la subsistance des peuples, l'échange doit en être réglé d'après des bases fixes, qui soient réciproquement justes, qui assurent un revenu à l'état, et qui garantissent aux fabricans un avantage sur les produits étrangers de même nature, pour la consommation intérieure de leur propre pays.

Il fallait Albion pour réduire en système,
Ce que n'eût avoué l'injustice elle-même.

Un grand peuple, ainsi qu'un grand homme, peuvent commettre de grandes fautes : le caractère d'une véritable grandeur est de supporter le reproche, d'en reconnaître la justice et de réparer ses fautes. Certainement, l'Angleterre ne peut désavouer que c'est elle qui la première a donné l'exemple du système prohibitif, et que c'est à son exemple que l'on doit l'état ridicule et nuisible où se trouve le commerce général. Aussi l'a-t-elle senti elle-même, puisqu'elle est un des premiers états de l'Europe, qui cherchent à ramener le commerce à ses véritables principes.

Système monstrueux, par l'enfer inventé.

Quelques personnes ont trouvé cette expression trop forte; et moi je la crois très-exacte. En effet, si l'enfer, comme j'en suis absolument convaincu, est le plus grand ennemi des hommes, il ne pouvait rien imaginer de mieux que de rompre le lien qui doit les unir tous.

> Qu'engendrèrent l'orgueil et la cupidité.

Dignes parens de ce système! c'est orgueil de prétendre avoir chez les autres des droits que l'on ne leur accorde pas chez soi; c'est cupidité de prétendre avoir seul des avantages qui doivent être partagés entre tous.

> Cet inique système a pu, dans le silence,
> Chez nos adroits voisins apporter l'opulence.

L'ignorance, l'insouciance de divers états de l'Europe à l'égard du commerce, la corruption de quelques-uns des principaux agens de ces états, ont pu anciennement procurer aux Anglais de grands avantages en établissant chez eux le système prohibitif; ils jouaient au grand jeu du commerce avec des dés pipés qu'eux seuls connaissaient; mais aujourd'hui ce système est un os rongé, un marc insipide, dont ils ont exprimé tout le suc : il devient aussi nuisible aux autres qu'il leur a été profitable; ce n'est plus qu'une véritable singerie. Après les avoir laissés profiter seuls du système prohibitif, les laisserions-nous encore profiter seuls de la liberté du commerce?

> Chaque état repoussé nous repousse à son tour.

On répond, comme je l'ai dit, à une prohibition par une autre prohibition : nous venons de mettre des droits excessifs sur les toiles de Brabant; la Hollande a mis des droits excessifs sur nos vins (1). Si nos fabricans

(1) Ceci était écrit en 1824.

de toiles sont dans la joie, nos marchands de vins sont dans les larmes; il faudrait tâcher de ne faire pleurer personne. Des droits modérés donneraient un avantage à nos fabricans sur les produits étrangers, seraient un revenu pour l'état, et établiraient un échange réciproquement utile. Quand il s'agit de commerce, tous les intérêts devraient être consultés et sagement pesés. Qui n'entend qu'une cloche, n'entend qu'un son, et malheureusement certains intérêts ont eu pour eux le bourdon de Notre-Dame, tandis que les intérêts généraux, avoués par la raison, n'avaient qu'une petite clochette, qui n'a pas même été entendue.

Quel bonheur! chacun va conserver son argent!
Il ne sortira plus!

C'est par les mots *sortie d'argent*, qu'on a le plus prévenu le public en faveur des prohibitions; il n'y a pas d'idée plus fausse. Au lieu de m'étendre davantage à ce sujet, je renvoie à la lettre de M. Br...

Royaumes, républiques,
Pour en être assurés, ont les mêmes fabriques.

Je cite, après ces notes, l'extrait d'un voyage en Suède, qui prouve combien cette prétention est dangereuse, et que l'on veut souvent en vain remédier au mal qu'on s'est fait à soi-même. Le commerce a pris un autre cours; on ne peut plus le rappeler chez soi.

Je vois, pour seconder une si noble ardeur,
Créer de toutes parts des pompes à vapeur.

Je n'ai parlé ici des pompes à vapeur que pour faire à leur sujet, et au sujet de toutes les inventions nouvelles, quelques réflexions. Il ne faut certainement pas rester en arrière avec aucun pays, sur les moyens de fabrication; mais, cette vérité admise, il est vrai aussi de dire qu'en multipliant trop ces moyens, il en résulte une quantité de produits vraiment effrayante, surtout si les machines remplacent tellement les hommes, que ces derniers deviennent, pour ainsi dire, inutiles. On parle de métiers qui tissent seuls; il ne faut, dit-on, qu'un ouvrier pour conduire huit à dix de ces métiers; on a inventé une machine à faire des souliers, etc... je ne sais pas jusqu'où iront ces inventions; mais il est à craindre qu'on ne soit forcé de créer autant d'hôpitaux qu'il y a de différens genres d'industrie. C'est à ce sujet que le proverbe *rien de trop* aurait une bien juste application. Au reste, le seul remède que je trouve à cette surabondance de machines et de produits, c'est la liberté du commerce; il est à présumer que tous les peuples ne s'entendront pas pour faire exactement les mêmes marchandises, et ce qui surabondera dans un pays, trouvera son écoulement dans un autre. Sans cela il y aura périodiquement dans le commerce de ces engorgemens qui le ruinent; ils sont cause que les fabricans perdent une année, ce qu'ils ont gagné les précédentes.

Quel spectacle enchanteur l'Europe offre à nos yeux!
Que cet isolement rend les états heureux!

Si la sortie de l'argent est tellement à craindre pour les états, si c'est un si grand bonheur pour eux d'employer toute espèce de moyens pour le conserver, pourquoi n'en serait-il pas de même pour chaque chef de famille? alors chacun d'eux devrait établir dans sa maison le système prohibitif, faire lui-même son pain, ses habits, ses souliers, ses meubles; la femme filera, les enfans tisseront, et ces heureuses familles pourront se passer du monde entier. Eh bien ! ce qui est ridicule en petit, est, en grand, le comble du ridicule !

O Midas ! ta folie
Aujourd'hui de l'Europe est l'aveugle manie.

Chaque peuple voudrait convertir en or, chez ses voisins, ses produits indigènes ou manufacturés. Midas aussi voulut changer en or tout ce qu'il touchait; son désir insensé fut cruellement puni ; il faillit mourir de faim. A quoi en est réduit le commerce dans la plupart des états de l'Europe !...

Sans Commerce étranger le Commerce est sans vie.

Quelques auteurs ont prétendu que la liberté du commerce devait être illimitée; cette opinion est une chimère, un rêve creux; elle produirait l'anarchie, aussi dangereuse pour le commerce, qu'elle l'est en politique. Il faut à cette liberté, comme à la liberté civile, ses principes, ses bases, ses lois.

O CHARLES ! c'est à toi d'en donner le signal,
De seconder l'effort de ce vœu général !

« Il est hors de doute qu'une révolution générale se « prépare dans le monde commercial, révolution qui ne « laissera pas que d'influer désavantageusement sur les « pays qui voudront y rester étrangers. Les prohibitions « inutiles, les droits excessifs, les douanes dispendieuses, « tout cet appareil de l'ancien système retombera comme « un poids funeste sur les gouvernemens qui voudront « en vain en prolonger la durée. »

C'est ainsi que s'exprimait, le 1er avril 1825, le *Journal des Débats*, en terminant un article sur l'état actuel du commerce en Angleterre. Puissent ces sinistres prédictions ne pas se réaliser chez nous !

Mais pourquoi de telles craintes ? Que ne pas espérer, au contraire, sous le règne du meilleur des rois, dont l'administration attentive s'entoure de toutes les lumières pour seconder les vues bienveillantes du monarque ? Je soumets à cette administration une réflexion qui n'est pas sans quelqu'importance, et qui peut servir à dissiper la plus funeste illusion. La voici : le bien produit par une prohibition, ou qui semble produit par elle, ce bien, dis-je, est local, paraît sensible, palpable; tandis que le mal que cause cette même prohibition est universel, étend ses ramifications partout, tarit les sources du commerce, ruine une infinité de personnes, sans qu'on attribue ces malheurs à leur véritable cause. Voilà pourquoi on citera un village pauvre et depeuplé, devenu riche et populeux par l'établissement d'une fabrique. On dira que quelques villes ont participé aux mêmes avantages, et que c'est aux prohibitions qu'elles le doivent; mais on ne saura pas pourquoi, dans tout le reste du royaume, le commerce languit, pourquoi les ports de mer sont déserts; pourquoi des fabriques autrefois florissantes sont tombées, etc... Ce mal général, universel, provient de la réaction des prohibitions. Ainsi, à Paris, les fabricans de bronzes, de meubles, de fleurs, d'orfévreries, de bijouteries, etc., ne savent pas pourquoi leur commerce languit. Le voici : autrefois ils vendaient à des négocians ou à des commissionnaires, qui répandaient leurs marchandises dans toute l'Europe; aujourd'hui, la représaille des prohibitions réduit ces fabricans au seul commerce intérieur, ou à peu près. Si Paris souffre particulièrement de ce funeste système, combien d'autres villes en France pourraient faire entendre les mêmes plaintes !

Les prohibitions peuvent être considérées comme le

bourrelet et les lisières de l'enfance. Une fabrique peut en avoir eu besoin dans ses commencemens; mais lorsqu'elle a vingt ans d'existence, si elle ne pouvait pas se soutenir avec un avantage qui lui serait assuré par des droits d'entrée, elle ne mériterait pas le nom de fabrique, et loin d'être un bienfait pour son pays, elle en deviendrait le fléau.

Dès le premier instant où ta couronne brille,
Les Français ne font plus qu'une même famille.

Les Français n'oublieront jamais l'enthousiasme général qu'a produit Charles X, à sa première entrée dans sa capitale; il n'y avait plus de partis, plus d'opinions différentes : tous les cœurs ont volé à sa rencontre. Notre bon roi ne l'oubliera pas non plus. Le bonheur de son peuple est toute sa pensée; il sait que si sa bonté et sa justice sont de sûrs garans de ce bonheur pendant tout son règne, des institutions sages et fortes peuvent seules le perpétuer dans l'avenir; et ce qui a rapport au commerce est d'un trop grand intérêt pour ne pas mériter tous ses soins.

Vois les peuples unis dans un seul intérêt.

Puisse ce souhait se réaliser..! Au moins ceux qui le regarderont comme un beau rêve, une brillante chimère, avoueront que la liberté du commerce reconnue, que des relations établies entre les divers peuples, d'après des bases réciproquement justes et avantageuses, seraient un grand acheminement vers un but si desirable; au lieu que les bases du systême prohibitif, qui sont l'égoïsme, la ruse, la finesse, la déception, l'injustice, et souvent la violence, ne sont propres qu'à éterniser les haines, les animosités, et à faire éclater des guerres. Ai-je donc trop dit, quand j'ai avancé que la liberté du commerce était dans la volonté du créateur, du père de tous les hommes; que cette liberté était le lien qui devait unir tous les peuples, et que c'étaient les passions humaines excitées par l'enfer, qui empêchaient un si bel accord ? Puisse la France proclamer la liberté du commerce, avec les précautions et la sagesse que demande une démarche de cette importance ! tous les peuples lui accorderont leur confiance; *la devise de son roi est bonté, franchise, loyauté !*

Extrait du Voyage en Suède, par le continuateur de l'Abrégé de l'Histoire générale des voyages de La Harpe, tome II, pag. 211, chap. V.

« Les modernes réformateurs ont promulgué des lois dont le but, très-louable, était de forcer les Suédois à se priver des objets de luxe qu'ils tiraient de l'étranger, ou d'en fabriquer eux-mêmes de semblables; et ils ont fini par prohiber toute importation. L'intention sans doute était bonne; mais l'exécution fut poussée trop loin. Plusieurs manufactures, il est vrai, furent établies dans différentes parties du royaume, et quelques-unes réussirent fort bien. Mais rendre tout un peuple manufacturier n'est pas l'affaire d'un moment. On le voulut cependant, et le succès non-seulement n'y répondit pas, mais au contraire il en résulta plusieurs inconvéniens pour l'état. Si la Suède importait une grande quantité de marchandises étrangères, elle les payait toutes, ou du moins, pour la plus grande partie, avec ses propres productions, avec du cuivre, du fer, du bois de construction, des vaisseaux, du chanvre, du goudron, des fourures, des peaux, etc. Ainsi donc le noble qui portait des étoffes d'Italie, de France ou d'Angleterre, encourageait, par-là même, la classe inférieure du peuple. Le législateur crut, à tort, que les étrangers ne pourraient point se passer des productions de ce pays; il crut qu'on leur en vendrait tout autant, et qu'ils paieraient en argent. Mais les autres nations, qui connaissent leur intérêt aussi bien que la Suède, eurent alors recours à la Norvége et à la Russie. En conséquence, les anciennes demandes n'ayant plus lieu, les ouvrages en fer et en cuivre sont discontinués dans toutes les provinces du royaume, et un grand nombre de bras, occupés à abattre les bois de construction, sont privés aujourd'hui de cette ressource. Le législateur a senti ces inconvéniens, et a révoqué une partie de ses édits; mais le mal était fait, et il n'y avait plus de remède : le commerce s'était enfui, et cette révocation partielle ne fut d'aucune utilité. Il faudra bien du temps avant qu'on puisse réparer un si fâcheux échec. »

Si l'on en excepte peut-être l'Angleterre, voilà l'histoire inévitable du système prohibitif pour tous les pays. Ses effets sont plus ou moins sensibles, suivant l'étendue, la population, l'industrie, la fertilité d'un état; mais ils sont toujours désastreux. Je ne vais citer qu'un exemple pour la France : autrefois elle fournissait à la Suisse des draps, des soieries, de la quincaillerie, et quantité d'autres objets. Par l'effet des prohibitions, la Suisse achète en Allemagne et ailleurs, ce qu'elle tirait de chez nous, et elle a élevé des manufactures de draps, de soieries, et autres, dans son propre pays. Non-seulement elle ne s'adresse plus à nous pource que nous lui vendions; mais ayant la main-d'œuvre à très-bon marché, elle a trouvé moyen de fournir l'étranger; et je dirai, quoique cette expression soit triviale, qu'elle nous fait passer sous le nez, en transit pour l'Amérique, le fruit de nos sottises, ses draps et ses soieries, pour les faire embarquer au Havre et dans nos ports. Si l'on faisait une recherche exacte du tort que la France a éprouvé dans son commerce depuis l'établissement des prohibitions, on verrait un résultat effrayant : il lui a fallu sa forte constitution pour qu'elle n'ait pas succombé ; mais c'est un mal qui la mine, et auquel il est bien temps de porter les plus prompts remèdes.

LETTRE DE M. BR....,

INSÉRÉE DANS LE JOURNAL DES DÉBATS,

LE 29 MARS 1823.

Qu'est-ce que la balance du commerce?
Existe-t-il une balance du commerce?
La balance du commerce est-elle exacte?

L'auteur, après avoir rapporté la contestation qui s'est élevée entre trois personnes qui ont occupé les places les plus éminentes, contestation où ces antagonistes se reprochaient réciproquement que les calculs par lesquels chacun d'eux établissait la balance du commerce, étaient erronés, continue ainsi :

« Mon intention n'est pas de renouveler ces débats. Modeste négociant dans une ville placée à l'extrémité de la France, je m'occupe beaucoup plus de mon commerce, que de la balance du commerce français. Je n'aurai pas la présomption de prononcer entre de tels antagonistes; je prendrai seulement la liberté grande de leur soumettre quelques doutes, et d'énoncer quelques opinions opposées aux leurs. Les miennes ne tiennent sans doute qu'à mon ignorance.

Dans tous les états, mais surtout en France et en Angleterre, l'administration s'occupe beaucoup de la balance du commerce, et fait grand bruit de ses résultats. Elle a grand soin de trouver toujours cette balance favorable, c'est-à-dire, de prouver que la valeur des exportations est de beaucoup de millions (de cent millions par exemple) supérieure à la valeur des importations; elle en conclut que les étrangers sont forcés de payer cet excédant, formant la balance en beaux et bons écus ou louis d'or, qui augmente notre numéraire, notre richesse effective et matérielle.

Je n'objecterai pas que les relevés et tableaux de la douane sont nécessairement incomplets, puisqu'ils ne peuvent comprendre tous les objets introduits et sortis en fraude; que ces tableaux sont inexacts, parce que, sur les exportations, les droits étant nuls ou faibles, les déclarations et les évaluations sont exactes et entières; qu'elles tendent même à l'exagération pour tous les articles auxquels des primes sont accordées, tandis que les importations étant, la plupart, frappées de droits très-élevés, ou prohibées, les déclarations et les évaluations sont atténuées ou fausses, surtout pour les objets de grande valeur. C'est donc principalement sur les importations que la contrebande s'exerce; d'où il résulte que les tableaux des douanes les plus exacts doivent nécessairement présenter un excédant considérable des exportations sur les importations. Je ne reprocherai pas à cette balance du commerce beaucoup d'autres causes d'inexactitudes et d'erreurs. Je l'accepte comme parfaite; je la prends pour réelle et juste avec cent millions d'excédant des exportations, et je me demande si c'est un signe de prospérité ?

J'ai entendu dire *qu'une des personnes dont j'ai rapporté la contestation*, est auteur d'un livre sur l'économie politique, fort peu d'accord avec Smith. Je ne pèse pas les livres ni les auteurs, mais seulement les marchandises; je m'occupe peu de doctrines spéculatives, beaucoup de calculs et de résultats positifs; je cherche mes motifs de décision dans les faits qui se passent autour de moi, sous mes yeux, dans mon comptoir et mes magasins. Cette forme de raisonner et de procéder, en fait de commerce, me paraît certaine, claire, facile et à la portée de tous.

Après avoir lu les lettres longues et courtes *que se sont écrites, sur la balance du commerce, ces antagonistes,* je me suis dit en m'appuyant sur mon coffre-fort : « A quoi « bon disputer sur les quantités et les sommes dont les « exportations excèdent les importations ? A quoi bon « même s'occuper de la balance du commerce ? Cette « balance s'est faite de tous temps, et se fera toujours « toute seule ; elle a toujours été et sera toujours incon- « nue, ou plutôt elle est parfaitement connue. Il est clair « que la valeur des exportations égale celle des impor- « tations, sauf le cas de pertes et de capture sur mer, « de paiemens de contributions de guerre et d'absence « des propriétaires consommant leurs revenus en pays « étrangers, causes qui pourraient occasioner des ex- « portatations sans importations. »

Or, voici le raisonnement que je tire de mon comptoir : j'ai fait une exportation de 100,000 fr., j'ai gagné 50,000 fr., j'ai importé en marchandises mon capital de 100,000 fr., et mes 50,000 fr. de profit. Mon importation a excédé de 50,000 fr. l'exportation ; je suppose que tous les négocians français ont fait les mêmes profits. La balance de ces opératious nous a été très-favorable. Cependant la balance générale du commerce sera très-défavorable, si l'administration arrête les relevés à cet instant.

Le mouvement du commerce va toujours. Je ne m'arrête pas en si beau chemin ; je fais bientôt après une nouvelle exportation. La balance change, pour changer encore quand j'importerai les produits de cette exportation accrue par les bénéfices.

Que l'on suppose maintenant un résultat inverse, une

perte sur chaque opération. J'exporte 100,000 fr., je perds 50,000 fr., ce qu'à Dieu ne plaise! je n'importe que 50,000 fr. Tout le commerce français en fait autant: il est désespéré, ruiné; mais l'administration trouvant les exportations supérieures aux importations, en conclut que la balance est en faveur du commerce français, et lui en adresse ses félicitations fort à propos.

Dans les suppositions qui précèdent, et dans toutes celles qu'on peut faire, les résultats de la balance sont erronés. Cette prétendue balance de commerce n'est qu'une différence momentanée entre les exportations et les importations, un retard dans les retours ou les départs, desquels on ne peut tirer aucune conclusion sur les profits ou les pertes, sur les avantages ou les désavantages du commerce à l'étranger.

Si je ne fais qu'une simple exportation sans importation, alors, pour obtenir le retour de mon capital, je délivre des traites sur le produit de mes marchandises; je négocie ces traites aux commerçans qui, ayant fait des importations, ont des marchandises à payer dans les lieux où j'ai expédié. La balance s'établit alors entre leurs opérations et les miennes.

Enfin, si je suis réduit à importer du numéraire pour obtenir le retour de mes fonds, soyez assuré qu'alors je fais de toutes les opérations la moins favorable pour mon pays et pour moi; car j'importe celle de toutes les marchandises dont le prix est le moins sujet aux variations, le plus uniforme dans les différens pays, par conséquent la marchandise sur laquelle il y a le moins de profits à faire.

En sorte que, si la balance du commerce était exacte, s'il était vrai que les exportations excédassent de cent millions les importations, il en faudrait conclure que le résultat, loin d'être favorable, est très-fâcheux; car il indiquerait cent millions de mauvaises opérations, ou d'opérations moins bonnes qu'elles ne l'auraient été si l'on eût importé cent millions de marchandises susceptibles de donner du profit, au lieu de cent millions de numéraire, marchandise stérile, sur laquelle il n'y a rien à gagner.

Il me semble que cette prétendue balance, cette différence des importations ou des exportations, dont on fait tant de bruit, ne signifie rien, ou signifie tout le contraire de ce qu'on lui fait dire.

Ce qui signifie beaucoup, c'est la masse même des exportations et des importations. Nul doute, lorsque la masse des exportations ou des importations augmente d'année en année, que le commerce est avantageux; car il ne continuerait pas, il n'augmenterait pas, s'il ne donnait pas de profit. Nul doute que la richesse d'un pays croît en raison des exportations; car elles sont le résultat des productions. Nul doute, surtout, que la prospérité croît en proportion des importations; car elles sont des preuves de consommation, et l'augmentation des consommations est le signe le plus certain de la prospérité d'un pays. Un pays ne peut consommer sans produire.

Laissez donc *exporter*, et soyez assurés que le commerce importera pour une valeur égale, plus les profits de l'exportation.

Laissez importer, et soyez assurés que le commerce exportera pour une valeur égale, plus les profits de l'importation.

Le pays le plus riche est celui qui exporte le plus; car il produit le plus et fait les plus gros bénéfices sur les exportations.

Le pays le plus riche est celui qui importe le plus; car il consomme le plus et fait les plus gros bénéfices sur les importations; j'ajoute, et sur les exportations; car il ne peut importer continuellement sans exporter, et il ne peut exporter sans produire.

Le pays le plus riche, je ne dis pas le plus puissant, est donc celui qui, à la fois, exporte et importe le plus; car exportations et importations sont inséparables, causes et effets réciproques d'accroissement l'un de l'autre.

Le pays qui deviendra le plus riche sera donc celui dans lequel les tarifs des douanes et les prohibitions mettront le moins d'obstacles aux exportations et aux importations.

A mon avis, les droits des douanes ne devraient être que des impôts, et n'avoir pour but, comme ceux d'enregistrement, comme les droits indirects, que d'augmenter les revenus du trésor royal, aux moindres frais, et avec le moins de dommages possibles pour les consommateurs, qui sont les contribuables des douanes.

S'il prenait fantaisie à la ville que j'habite, ou à Paris, ou à toute autre ville, de transformer ses barrières et ses agens d'octroi en barrières et en agens de douanes intérieures; si, au lieu de les employer à percevoir des droits et des impôts, elle les chargeait d'empêcher l'importation des productions étrangères à la ville, au bout de très-peu de temps les trois quarts des habitans seraient morts de faim ou déserteraient la ville, faute de travail et de nourriture.

C'est cependant ce qui arrive, toutes proportions gardées, dans un état qui s'environne de prohibitions et de douanes, avec cette différence, que plus un état est étendu et peuplé, moins les effets de destruction sont rapides et apparens. Dans les grands états, ce que l'on appelle le commerce national et intérieur, qui n'est qu'un commerce extérieur et étranger de province à province, de ville à ville, d'individu à individu, supplée en partie au commerce étranger de royaume à royaume.

Les prohibitions et les douanes, soit intérieures, soit

extérieures, sont des restrictions imposées au commerce, des obstacles opposés aux exportations et aux importations. Elles peuvent en changer la nature et les réduire à rien, dénaturer, entraver et empêcher la production et la consommation, diminuer la richesse d'un pays, nuire à sa prospérité; en un mot, elles peuvent ruiner un pays, mais elle ne peuvent jamais l'enrichir. Les pertes, les destructions et les empêchemens que les prohibitions causent, sont des maux incalculables, des pertes sèches et réelles.

La balance du commerce que la douane poursuit de de tous ses efforts, n'est qu'une illusion dangereuse, et ses prétendus résultats ne sont que de funestes chimères, qui ne méritent pas l'honneur de causer, entre trois hommes graves et de talent, des disputes si longues et si animées.

Br....

CONCLUSION.

Mon seul but a été d'être utile, non en prétendant, comme je l'ai dit, répandre de nouvelles lumières sur le sujet que j'ai traité, mais en ramenant, s'il est possible, les esprits à des questions de la plus haute importance pour la prospérité de la France. Veut-on connaître toute ma pensée?... j'ai voulu faire lever le lièvre, afin que de meilleurs chasseurs que moi le tirassent.

On cherche la cause de ce malaise inexplicable qu'éprouve le commerce depuis long-temps, elle peut bien tenir à ces entreprises et à ces spéculations gigantesques de l'année dernière, à ces inquiétudes vagues semées dans les esprits; mais elle tient certainement beaucoup aussi, du moins, c'est mon opinion, au système commercial qui nous régit.

www.ingramcontent.com/pod-product-compliance
Ingram Content Group UK Ltd.
Pitfield, Milton Keynes, MK11 3LW, UK
UKHW032024260826
14628UKWH00006B/2715

9 782019 661526